Impressum
Verlag: BABADADA GmbH, Nedderfeld 112 , 22529 Hamburg
Geschäftsführer / Verlagsleitung: Harald Hof
Druck: Books on Demand GmbH, In de Tarpen 42, 22848 Norderstedt

Imprint
Publisher: BABADADA GmbH, Nedderfeld 112 , 22529 Hamburg, Germany
Managing Director / Publishing direction: Harald Hof
Print: Books on Demand GmbH, In de Tarpen 42, 22848 Norderstedt

школа
colegio

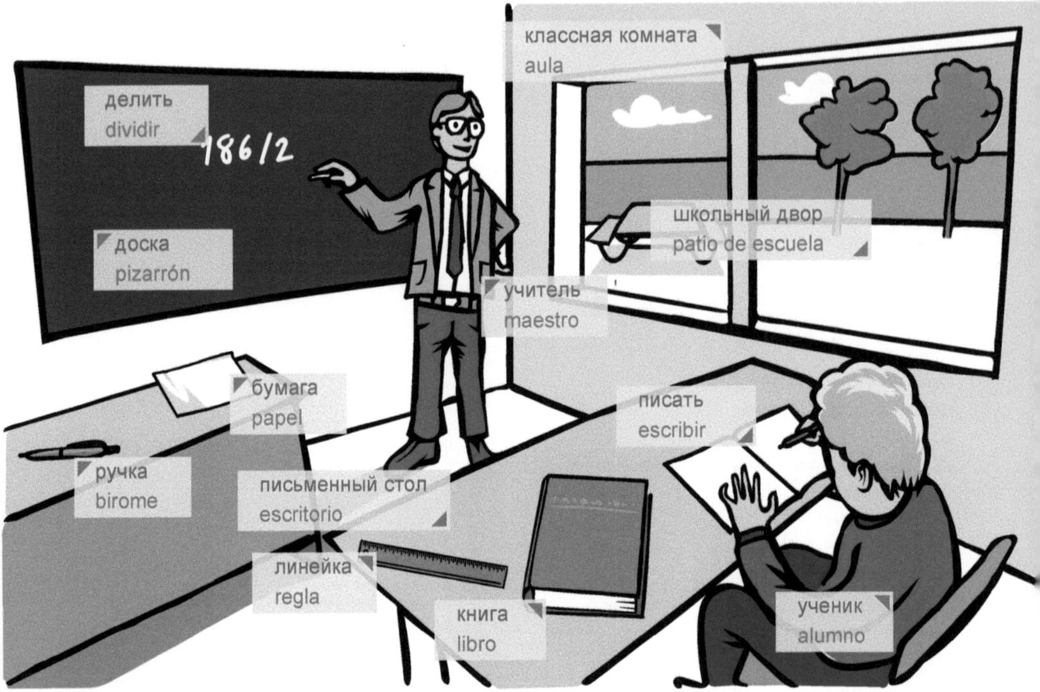
классная комната
aula
делить
dividir
186/2
доска
pizarrón
школьный двор
patio de escuela
учитель
maestro
бумага
papel
писать
escribir
ручка
birome
письменный стол
escritorio
линейка
regla
книга
libro
ученик
alumno

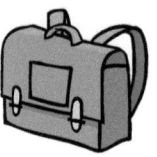

ранец

mochila

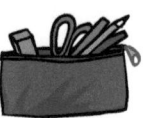

пенал

caja de lápices

карандаш

lápiz

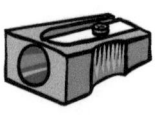

точилка

sacapuntas

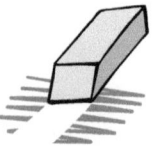

ластик

goma (de borrar)

альбом для рисования

bloc de dibujo

рисунок

dibujo

кисточка

pincel

коробка красок

caja de pinturas

ножницы

tijera

клей

pegamento

тетрадь

cuaderno de ejercicios

домашняя работа

tarea

цифра

número

2+2

прибавлять

sumar

вычитать

restar

умножать

multiplicar

считать

calcular

буква

letra

алфавит

abecedario

слово

palabra

текст

texto

читать

leer

мел

tiza

урок

lección

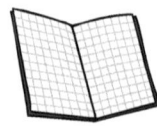

классный журнал

cuaderno de clase

экзамен

examen

диплом

certificado

школьная форма

uniforme escolar

образование

educación

энциклопедия

enciclopedia

университет

universidad

микроскоп

microscopio

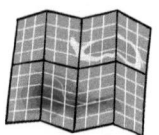

карта

mapa

корзина для бумаг

tacho (de basura)

путешествие
viaje

гостиница
hotel
турбаза
hostel
ROOMS
EXCHANGE
пункт обмена валюты
casa de cambio
чемодан
valija
автомобиль
auto

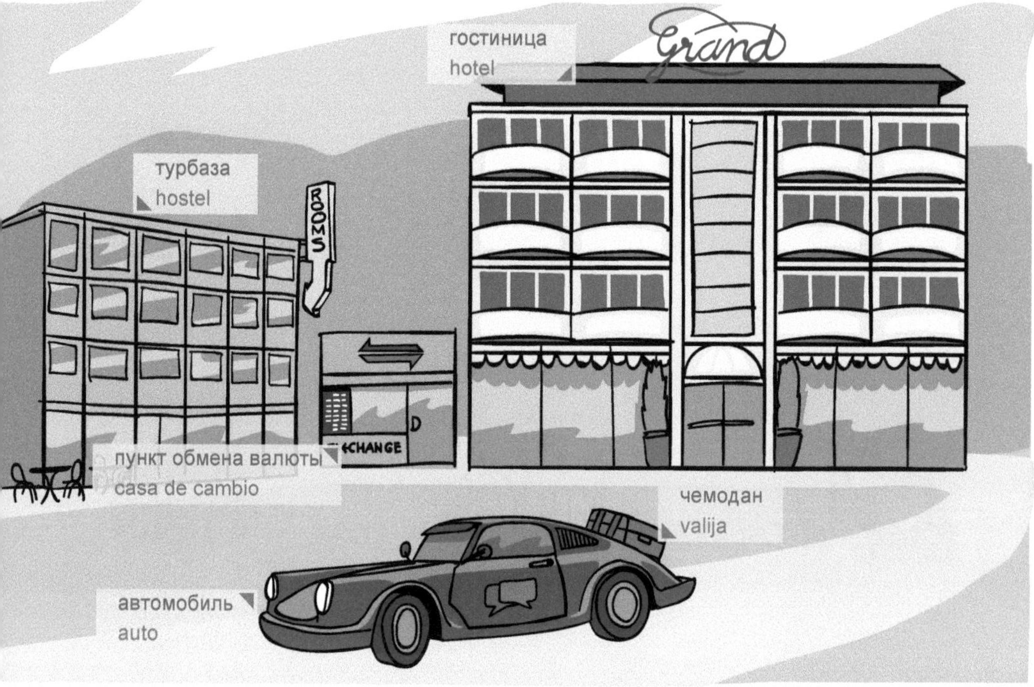

язык
idioma

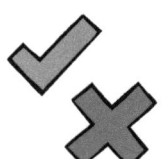

да / нет
sí / no

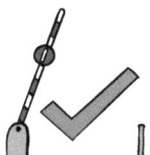

хорошо
Está bien

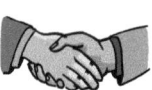

Привет
hola

переводчик
traductor

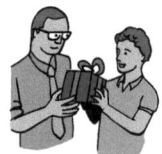

Спасибо
Gracias

Сколько стоит…?

¿cuánto cuesta…?

Я не понимаю

No entiendo

проблема

problema

Добрый вечер!

¡Buenas tardes!

Доброе утро!

¡Buenos días!

Доброй ночи!

¡Buenas noches!

До свидания

adiós

направление

dirección

багаж

equipaje

сумка

bolso

рюкзак

mochila

гость

invitado

комната

habitación

спальный мешок

bolsa de dormir

палатка

carpa

туристическая информация
informacíon turística

пляж
playa

кредитная карточка
tarjeta de crédito

завтрак
desayuno

обед
almuerzo

ужин
cena

билет
pasaje

лифт
ascensor

почтовая марка
sello

граница
frontera

таможня
aduana

посольство
embajada

виза
visa

паспорт
pasaporte

транспорт
transporte

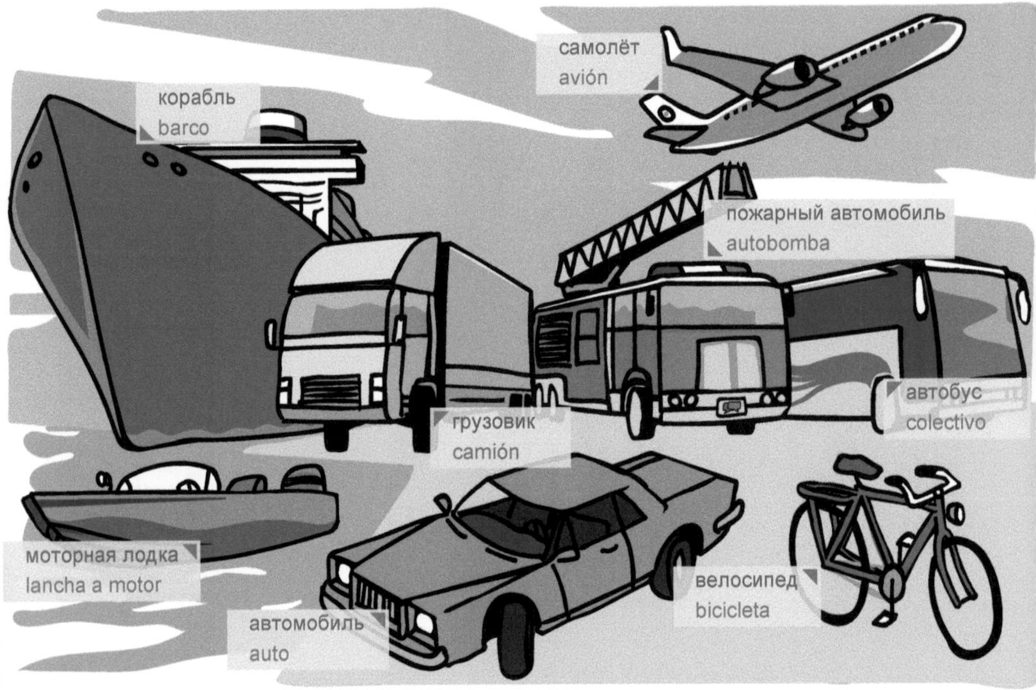

корабль
barco

самолёт
avión

пожарный автомобиль
autobomba

автобус
colectivo

грузовик
camión

моторная лодка
lancha a motor

велосипед
bicicleta

автомобиль
auto

паром

ferry

лодка

bote

мотоцикл

moto

полицейский автомобиль

patrullero

гоночный автомобиль

auto de carreras

арендованный
автомобиль
auto de alquiler

совместное пользование
автомобилями

alquiler de autos

буксировочный
автомобиль
грúa

grúa

мусоровоз

camión de basura

двигатель

motor

топливо

nafta

заправка

estación de servicio

дорожный знак

señal de tránsito

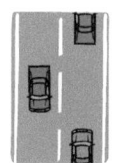

движение

tránsito

пробка

embotellamiento

автостоянка

estacionamiento

вокзал

estación de tren

рельсы

vías

поезд

tren

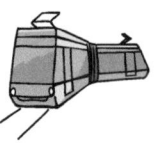

трамвай

tranvía

вагон

vagón

вертолёт

helicóptero

аэропорт

aeropuerto

вышка

torre

пассажир

pasajero

контейнер

contenedor

коробка

caja de cartón

тележка

carretilla

корзина

canasta

взлетать / приземляться

despegar / aterrizar

город

ciudad

деревня

pueblo

центр города

centro de ciudad

дом

casa

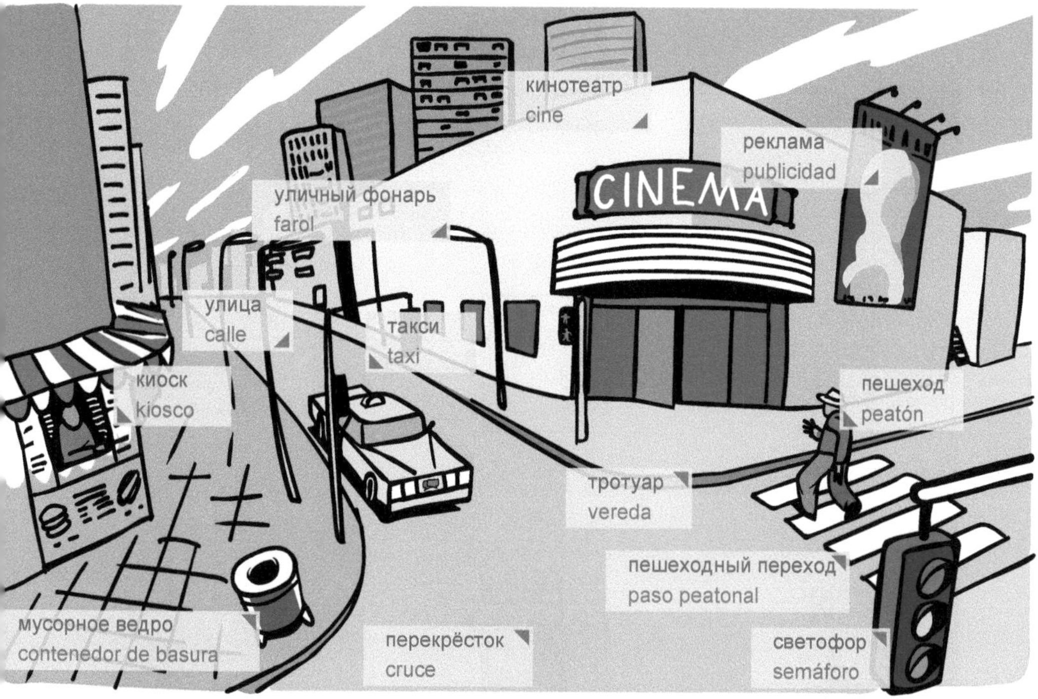
кинотеатр
cine
реклама
publicidad
CINEMA
уличный фонарь
farol
улица
calle
такси
taxi
киоск
kiosco
пешеход
peatón
тротуар
vereda
пешеходный переход
paso peatonal
мусорное ведро
contenedor de basura
перекрёсток
cruce
светофор
semáforo

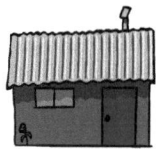

хижина

cabaña

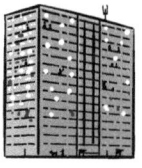

квартира

departamento

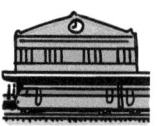

вокзал

estación de tren

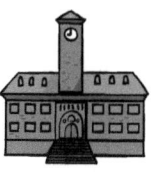

ратуша

municipalidad

MUSEUM

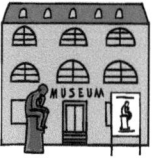

музей

museo

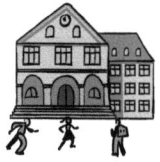

школа

colegio

университет

universidad

банк

banco

больница

hospital

гостиница

hotel

аптека

farmacia

офис

oficina

книжный магазин

librería

магазин

negocio

цветочный магазин

florería

супермаркет

supermercado

рынок

mercado

универмаг

grandes tiendas

торговец рыбой

pescadería

торговый центр

centro comercial

порт

puerto

парк

parque

скамейка

banco

мост

puente

лестница

escaleras

метро

subte

тоннель

túnel

автобусная остановка

parada del colectivo

бар

bar

ресторан

restaurante

почтовый ящик

buzón

табличка с названием
улицы

letrero

паркометр

parquímetro

зоопарк

zoológico

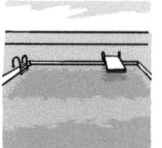

бассейн

pileta

мечеть

mezquita

ферма

granja

загрязнение окружающей среды

contaminación

кладбище

cementerio

церковь

iglesia

детская площадка

juegos infantiles

храм

templo

ландшафт

paisaje

лист
hoja

дорожный указатель
poste indicador

дорога
camino

луг
pradera

камень
piedra

дерево
árbol

путешественник
excursionista

река
río

трава
hierba

цветок
flor

долина
valle

гора
montaña

озеро
lago

лес
bosque

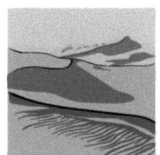

пустыня
desierto

вулкан
volcán

замок
castillo

радуга
arco iris

гриб
champiñón

пальма
palmera

комар
mosquito

муха
mosca

муравей
hormiga

пчела
abeja

паук
araña

жук

escarabajo

лягушка

rana

белка

ardilla

еж

erizo

заяц

liebre

сова

lechuza

птица

pájaro

лебедь

cisne

кабан

jabalí

олень

ciervo

лось

alce

плотина

presa

ветряной генератор

aerogenerador

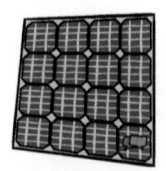

солнечная батарея

panel solar

климат

clima

ресторан

restaurante

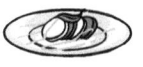

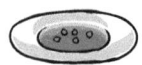

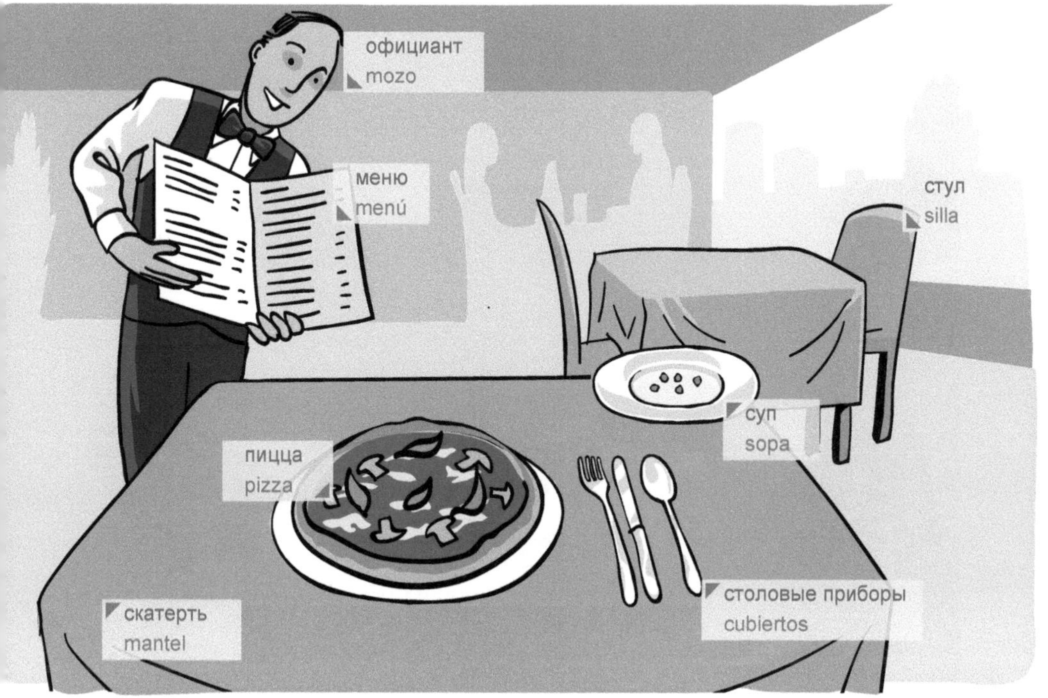

официант
mozo
меню
menú
стул
silla
суп
sopa
пицца
pizza
скатерть
mantel
столовые приборы
cubiertos

закуска

entrada

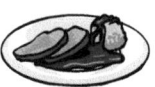

главное блюдо

plato principal

десерт

postre

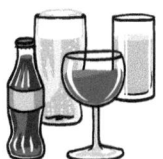

напитки

bebidas

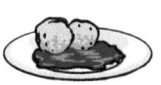

еда

comida

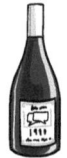

бутылка

botella

фастфуд

comida rápida

уличная еда

comida callejera

чайник

tetera

сахарница

azucarera

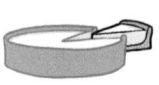

порция

porción

кофеварка

cafetera expreso

детский стульчик

sillita alta

счет

cuenta

поднос

bandeja

нож

cuchillo

вилка

tenedor

ложка

cuchara

чайная ложка

cucharita

салфетка

servilleta

стакан

vaso

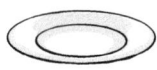

тарелка

plato

суповая тарелка

plato hondo

блюдце

plato

соус

salsa

солонка

salero

мельница для перца

molinillo de pimienta

уксус

vinagre

масло

aceite

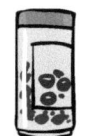

специи

especias

кетчуп

kétchup

горчица

mostaza

майонез

mayonesa

супермаркет
supermercado

специальное предложение
oferta especial
FOR
покупатель
cliente
молочные продукты
lácteos
фрукты
fruta
тележка для покупок
changuito

BUTCHERS

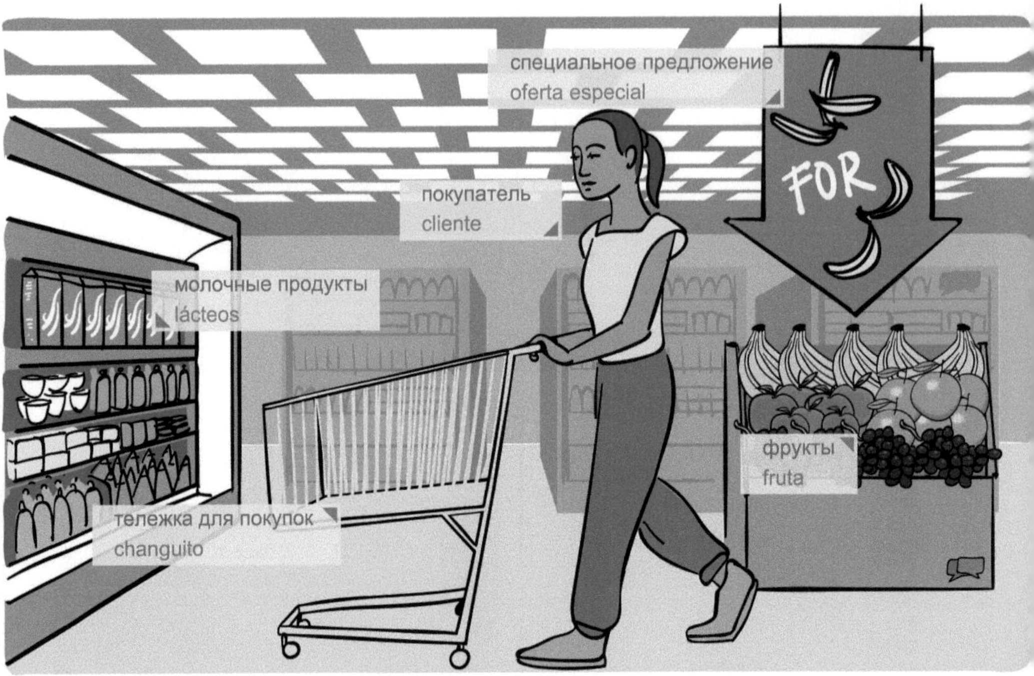

мясной магазин

carnicería

BAKERY

пекарня

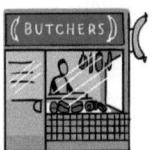

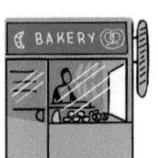

panadería

взвешивать

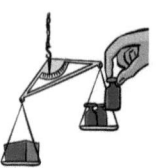

pesar

овощи

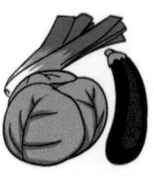

verduras

мясо

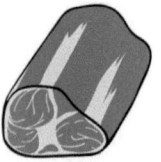

carne

быстрозамороженные продукты

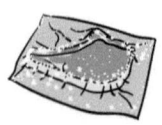

alimentos congelados

нарезка

fiambres

консервы

alimentos enlatados

стиральный порошок

detergente en polvo

сладости

golosinas

предмет домашнего обихода

electrodomésticos

моющее средство

productos de limpieza

продавщица

vendedora

касса

caja

кассир

cajero

список покупок

lista de compras

время работы

horario de atención

бумажник

billetera

кредитная карточка

tarjeta de crédito

сумка

cartera

полиэтиленовый пакет

bolsa de plástico

вода

agua

сок

jugo

молоко

leche

кока-кола

bebida cola

вино

vino

пиво

cerveza

алкоголь

alcohol

какао

cacao

чай

té

кофе

café

эспрессо

café expreso

капучино

cappuccino

банан

banana

яблоко

manzana

апельсин

naranja

арбуз

melón

лимон

limón

морковь

zanahoria

чеснок

ajo

бамбук

bambú

лук

cebolla

гриб

champiñón

орехи

nueces

лапша

fideos

спагетти

tallarines

рис

arroz

салат

ensalada

картофель фри

papas fritas

жареный картофель

papas fritas

пицца

pizza

гамбургер

hamburguesa

сэндвич

sándwich

шницель

churrasco

ветчина

jamón

салями

salame

колбаса

salchicha

курица

pollo

жаркое

asado

рыба

pescado

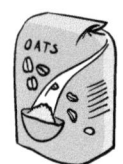

овсяные хлопья

copos de avena

мюсли

muesli

кукурузные хлопья

copos de maíz

мука

harina

круассан

medialuna

булочка

pancito

хлеб

pan

тост

tostada

печенье

galletitas

масло

manteca

творог

cuajada

пирог

torta

яйцо

huevo

яичница

huevo frito

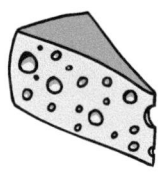

сыр

queso

мороженое

helado

сахар

azúcar

мёд

miel

мармелад

mermelada

крем с нугой

pasta de chocolate

карри

curry

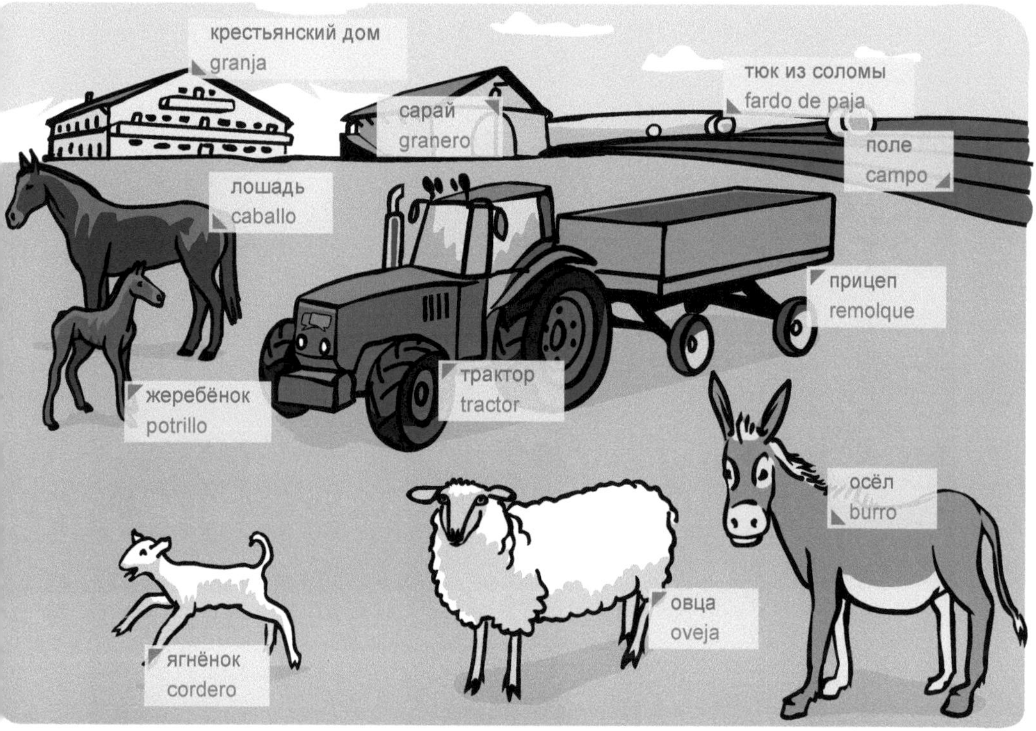

крестьянский дом
granja

сарай
granero

тюк из соломы
fardo de paja

поле
campo

лошадь
caballo

прицеп
remolque

трактор
tractor

жеребёнок
potrillo

осёл
burro

овца
oveja

ягнёнок
cordero

коза

cabra

корова

vaca

телёнок

ternero

свинья

cerdo

поросёнок

lechón

бык

toro

гусь

ganso

утка

pato

цыплёнок

pollo

курица

gallina

петух

gallo

крыса

rata

кошка

gato

мышь

ratón

вол

buey

собака

perro

конура

cucha

садовый шланг

manguera

лейка

regadera

коса

guadaña

плуг

arado

серп
hoz

мотыга
azada

навозные вилы
horquilla

топор
hacha

тачка
carretilla

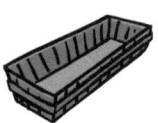

корыто
abrevadero

бидон для молока
lechera

мешок
bolsa

забор
reja

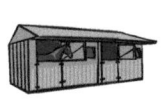

хлев
establo

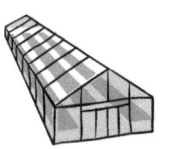

теплица
invernadero

почва
suelo

посев
semilla

удобрение
fertilizador

комбайн
cosechadora

ферма - granja

собирать урожай

cosechar

урожай

cosecha

ямс

batatas

пшеница

trigo

соя

soja

картофель

papa

кукуруза

maíz

рапс

semilla de colza

фруктовое дерево

árbol frutal

маниок

mandioca

злаки

cereales

дом

casa

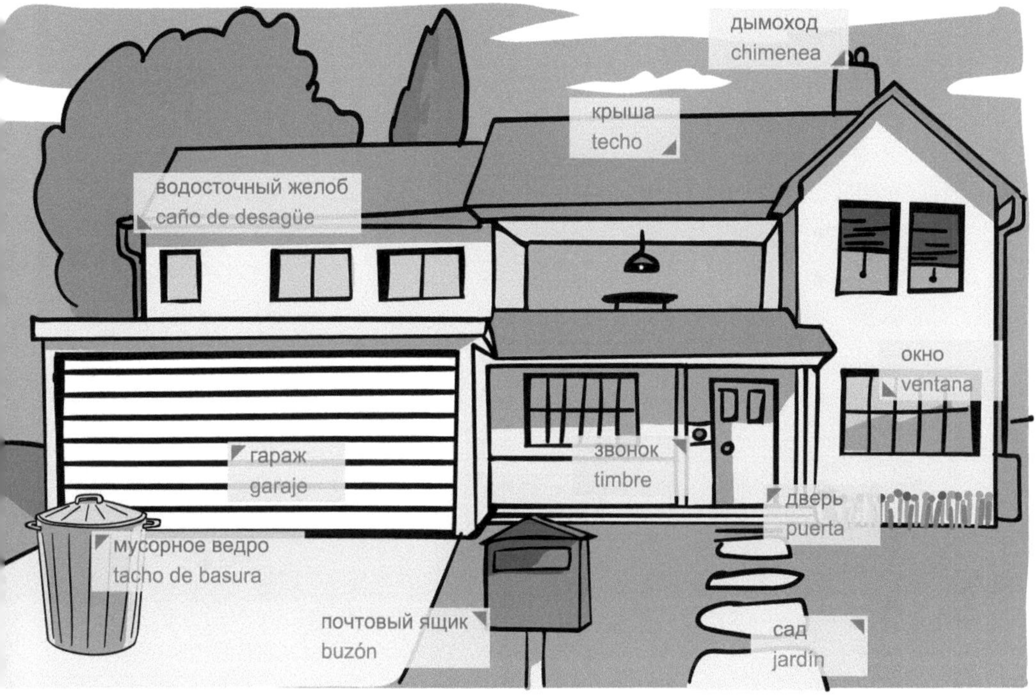

дымоход
chimenea
крыша
techo
водосточный желоб
caño de desagüe
окно
ventana
гараж
garaje
звонок
timbre
дверь
puerta
мусорное ведро
tacho de basura
почтовый ящик
buzón
сад
jardín

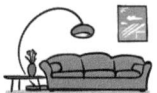

гостиная

living

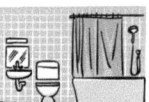

ванная комната

baño

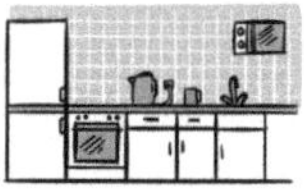

кухня

cocina

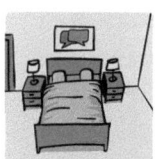

спальня

dormitorio

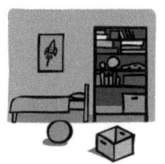

детская комната

cuarto de los chicos

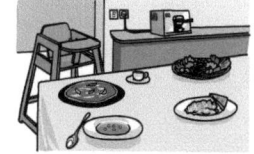

столовая

comedor

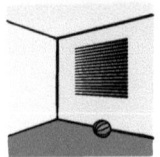

пол
piso

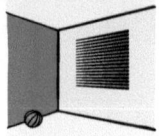

стена
pared

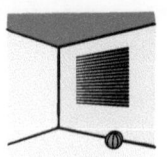

потолок
cielorraso

подвал
sótano

сауна
sauna

балкон
balcón

терраса
terraza

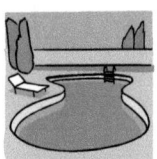

бассейн
pileta

газонокосилка
cortadora de pasto

пододеяльник
sábana

покрывало
acolchado

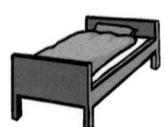

кровать
cama

метла
escoba

ведро
balde

выключатель
interruptor

гостиная
living

обои
empapelado
рисунок
imagen
лампа
lámpara
полка
estante
шкаф
armario
телевизор
televisión
камин
chimenea
цветок
flor
подушка
almohadón
диван
sofá
ваза
florero
пульт дистанционного управления
control remoto

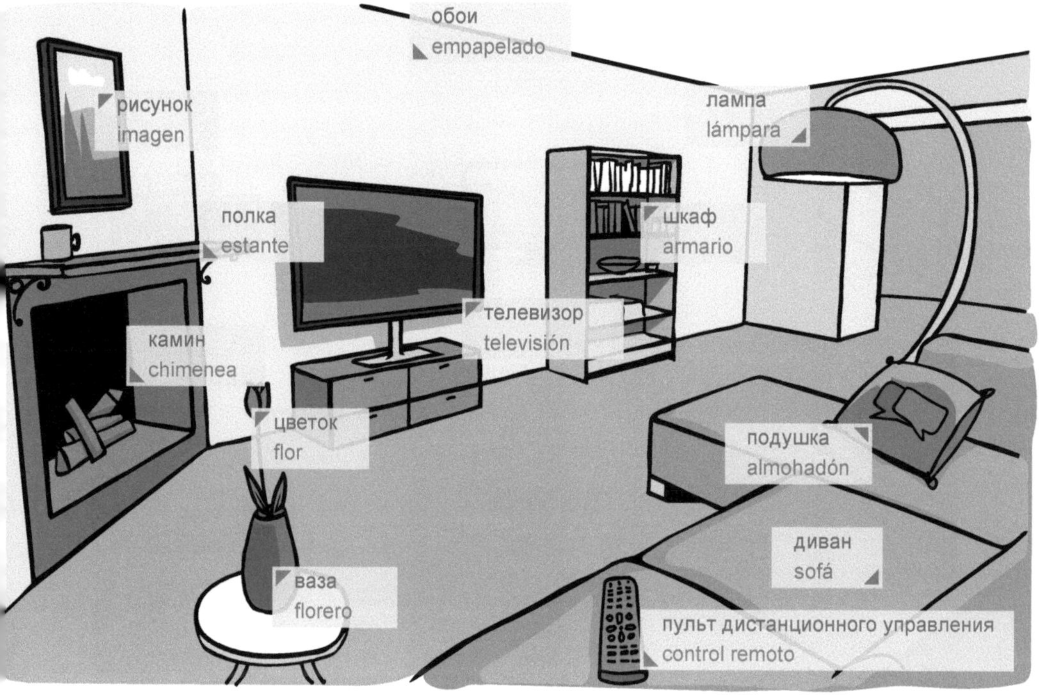

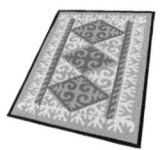

ковёр

alfombra

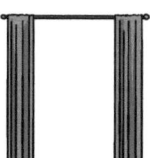

штора

cortina

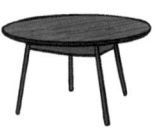

стол

mesa

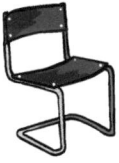

стул

silla

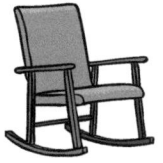

кресло-качалка

mecedora

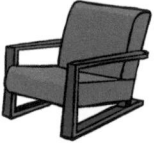

кресло

sillón

книга

libro

покрывало

frazada

украшение

decoración

дрова

leña

фильм

película

стереосистема

equipo de música

ключ

llave

газета

diario

картина

pintura

плакат

póster

радио

radio

блокнот

cuaderno

пылесос

aspiradora

кактус

cactus

свеча

vela

кухня
cocina

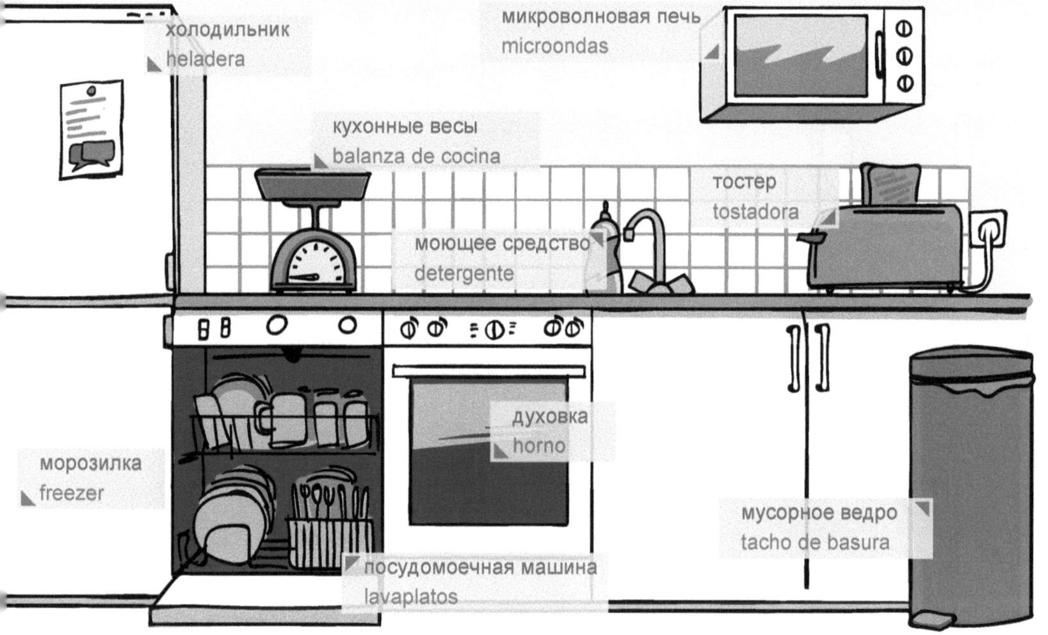
холодильник
heladera
микроволновая печь
microondas
кухонные весы
balanza de cocina
тостер
tostadora
моющее средство
detergente
духовка
horno
морозилка
freezer
мусорное ведро
tacho de basura
посудомоечная машина
lavaplatos

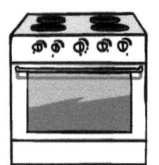

плита
cocina

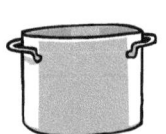

кастрюля
olla

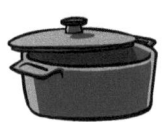

чугунный котелок
olla de hierro fundido

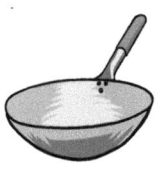

вок / кадай
wok

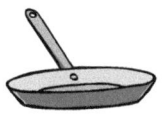

сковорода
sartén

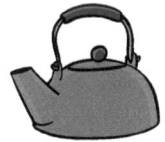

чайник
pava

пароварка

vaporera

противень

bandeja de horno

посуда

vajilla

кружка

taza

миска

bol

палочки для еды

palitos

половник

cucharón

лопатка

estpátula

сбивалка

batidora

сито

colador

сито

colador

тёрка

rallador

ступка

mortero

гриль

parrilla

костёр

fogata

доска

tabla de picar

скалка

palo de amasar

штопор

sacacorchos

жестяная банка

lata

консервный нож

abrelatas

прихватка

manopla

раковина

pileta

щетка

cepillo

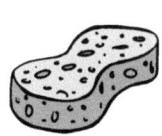

губка

esponja

миксер

batidora

морозильная камера

congelador

бутылочка для кормления

mamadera

кран

canilla

ванная комната
baño

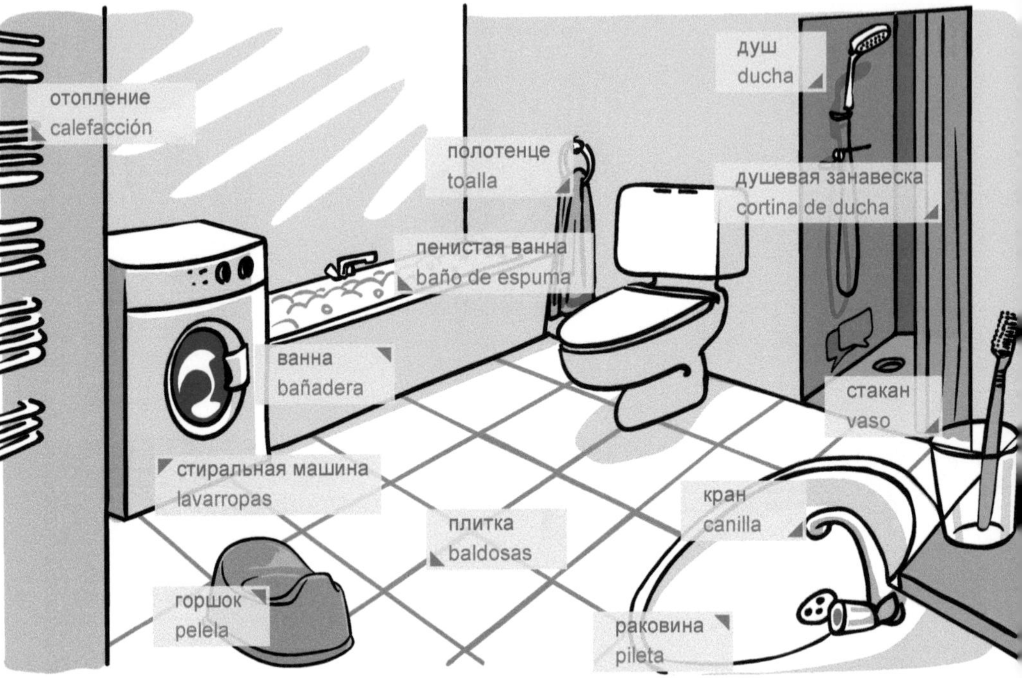
отопление
calefacción
полотенце
toalla
душ
ducha
душевая занавеска
cortina de ducha
пенистая ванна
baño de espuma
ванна
bañadera
стакан
vaso
стиральная машина
lavarropas
кран
canilla
плитка
baldosas
горшок
pelela
раковина
pileta

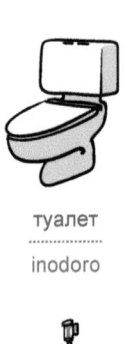

туалет
inodoro

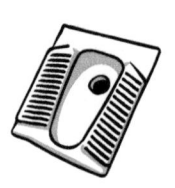

напольный унитаз
letrina

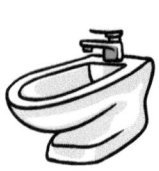

биде
bidé

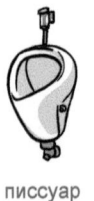

писсуар
mingitorio

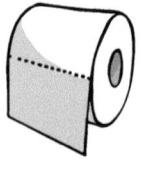

туалетная бумага
papel higiénico

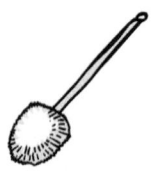

ершик
cepillo para el inodoro

зубная щетка

cepillo de dientes

зубная паста

dentífrico

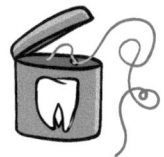

зубная нить

hilo dental

мыть

lavar

ручной душ

ducha de mano

интимный душ

ducha higiénica

таз

palangana

щетка для спины

cepillo para espalda

мыло

jabón

гель для душа

gel de ducha

шампунь

shampoo

мочалка

toallita

сток

desagüe

крем

crema

дезодорант

desodorante

зеркало

espejo

ручное зеркало

espejito

бритва

maquinita de afeitar

пена для бритья

espuma de afeitar

лосьон после бритья

aftershave

расческа

peine

щетка

cepillo

фен

secador de pelo

лак для волос

spray

косметика

maquillaje

губная помада

lápiz de labios

лак для ногтей

esmalte para uñas

вата

algodón

маникюрные ножницы

tijera para uñas

духи

perfume

косметичка

portacosméticos

табуретка

banqueta

весы

balanza

халат

bata

резиновые перчатки

guantes de goma

тампон

tampón

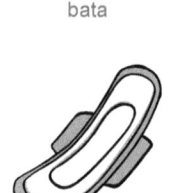

гигиеническая прокладка

toallita femenina

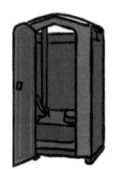

биотуалет

baño químico

детская комната
cuarto de los chicos

будильник
despertador
мягкая игрушка
peluche
игрушечный автомобиль
coche de juguete
погремушка
sonajero
кукольный домик
casa de muñecas
подарок
regalo

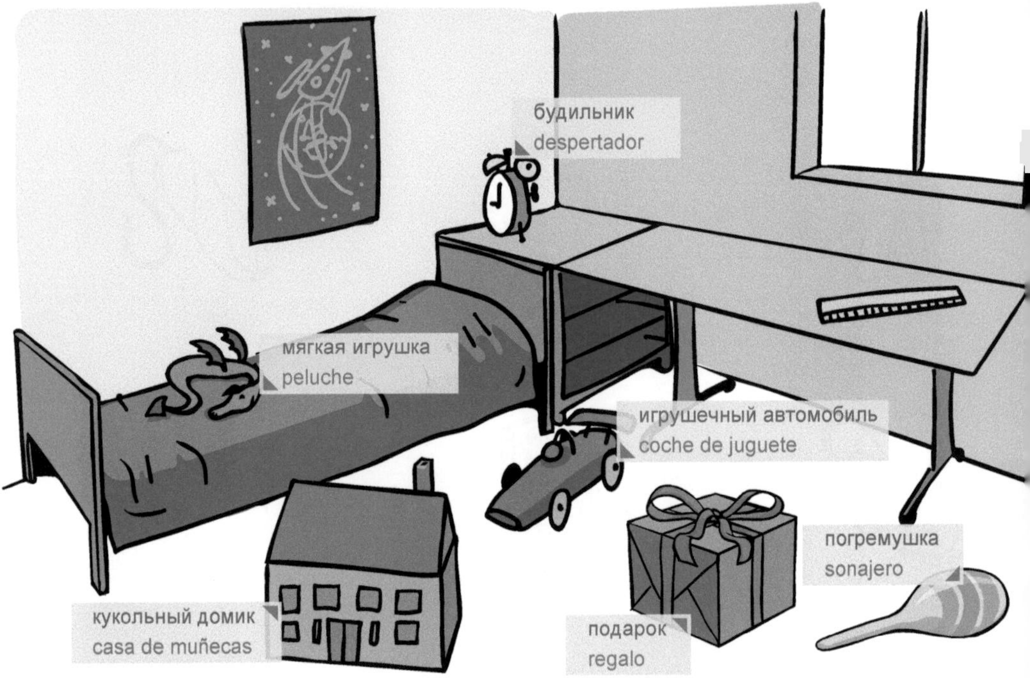

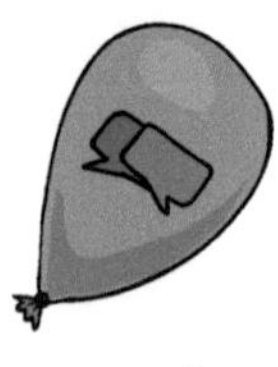

воздушный шар

globo

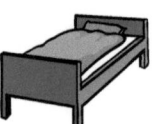

кровать

cama

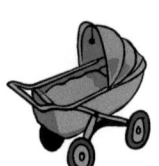

детская коляска

cochecito

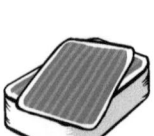

карточная игра

cartas

пазл

rompecabezas

SUPER MEGA

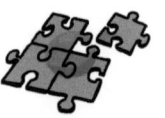

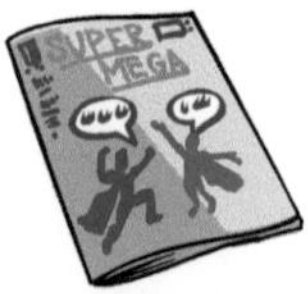

комикс

historieta

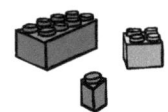

кирпичики Лего

piezas de lego

кубики

ladrillos de juguete

игрушечная фигурка

figura de acción

ползунки

enterito (de bebé)

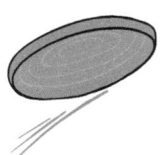

фрисби

frisbee

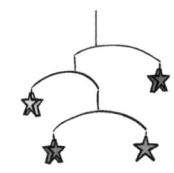

мобиле

móvil para bebés

настольная игра

juego de mesa

кубик

dados

модель железной дороги

tren eléctrico

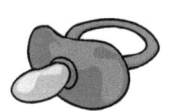

соска

chupete

вечеринка

fiesta

книга с картинками

libro de cuentos ilustrado

мяч

pelota

кукла

muñeca

играть

jugar

песочница

arenero

качели

hamaca

игрушка

juguetes

игровая приставка

consola de videojuegos

трёхколесный велосипед

triciclo

плюшевый медвежонок

osito de peluche

шкаф для одежды

armario

одежда

ropa

носки

medias

чулки

medias panty

колготки

calzas

шарф
bufanda

зонтик
paraguas

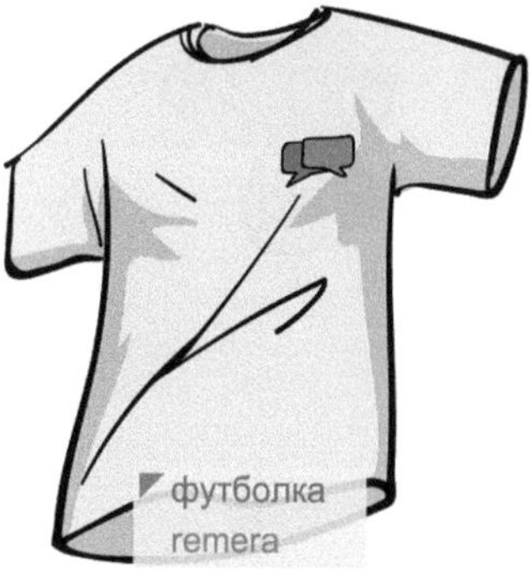

футболка
remera

ремень
cinturón

сапоги
botas

тапки
pantuflas

кроссовки
zapatillas

сандалии
....
sandalias

ботинки
....
zapatos

резиновые сапоги
....
botas de goma

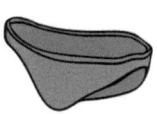

трусы
....
ropa interior

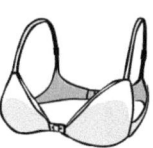

бюстгальтер
....
corpiño

майка
....
chaleco

боди

body

брюки

pantalones

джинсы

jeans

юбка

pollera

блузка

blusa

рубашка

camisa

свитер

pulóver

свитер

buzo

спортивная куртка

blazer

жакет

campera

пальто

tapado

плащ

piloto

костюм

traje

платье

vestido

свадебное платье

vestido de novia

мужской костюм

traje

ночная сорочка

camisón

пижама

pijama

сари

sari

платок

pañuelo para cabeza

тюрбан

turbante

паранджа

burka

кафтан

caftán

абайя

abaya

купальник

traje de baño

плавки

short de baño

шорты

shorts

спортивный костюм

jogging

фартук

delantal

перчатки

guantes

пуговица

botón

очки

anteojos

браслет

pulsera

цепочка

collar

кольцо

anillo

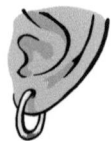

серьга

aro

шапка

gorra

вешалка

percha

шляпа

sombrero

галстук

corbata

застежка молния

cierre

шлем

casco

подтяжки

tiradores

школьная форма

uniforme escolar

форма

uniforme

детский нагрудник

babero

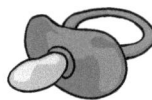

соска

chupete

подгузник

pañal

офис
oficina

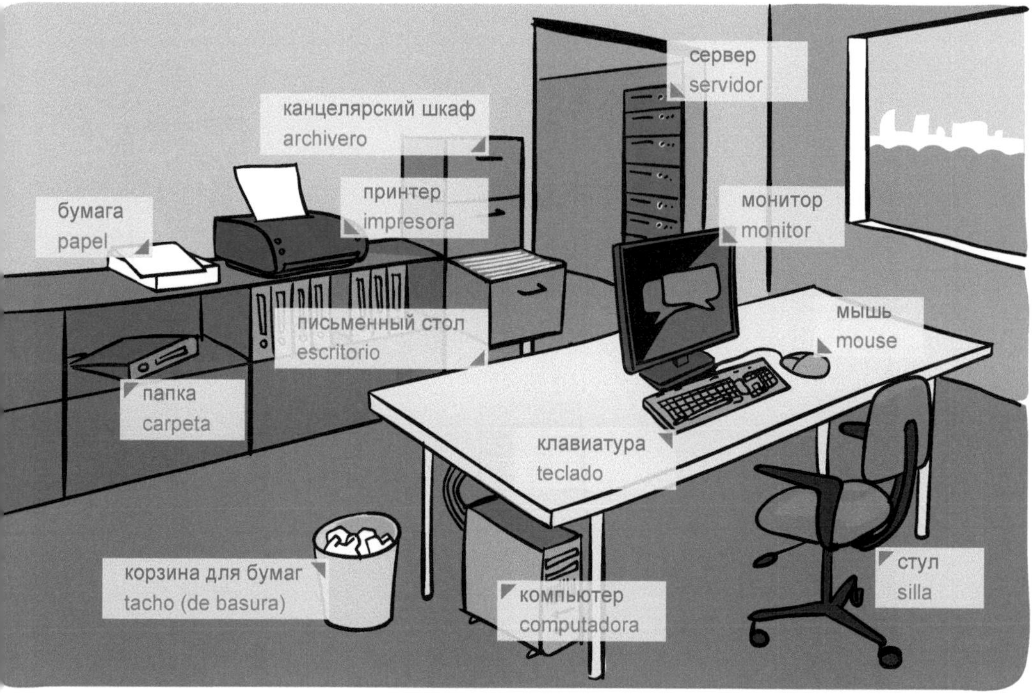

сервер
servidor

канцелярский шкаф
archivero

принтер
impresora

монитор
monitor

бумага
papel

письменный стол
escritorio

мышь
mouse

папка
carpeta

клавиатура
teclado

корзина для бумаг
tacho (de basura)

стул
silla

компьютер
computadora

кофейная кружка

taza de café

калькулятор

calculadora

интернет

internet

ноутбук

laptop

письмо

carta

сообщение

mensaje

мобильный телефон

celular

сеть

red

ксерокс

fotocopiadora

программа

software

телефон

teléfono

розетка

tomacorriente

факс

fax

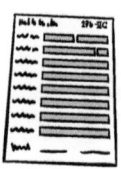

формуляр

formulario

документ

documento

покупать

comprar

платить

pagar

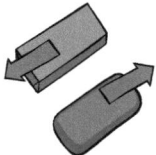

торговать

hacer negocios

деньги

dinero

доллар

dólar

евро

euro

иена

yen

рубль

rublo

франк

franco suizo

жэньминьби юань

yuan

рупия

rupia

банкомат

cajero automático

пункт обмена валюты

casa de cambio

золото

oro

серебро

plata

нефть

petróleo

энергия

energía

цена

precio

договор

contrato

налог

impuesto

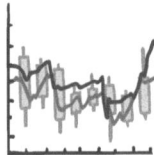

акция

acción

работать

trabajar

служащий

empleado

работодатель

empleador

фабрика

fábrica

магазин

negocio

профессии
ocupaciones

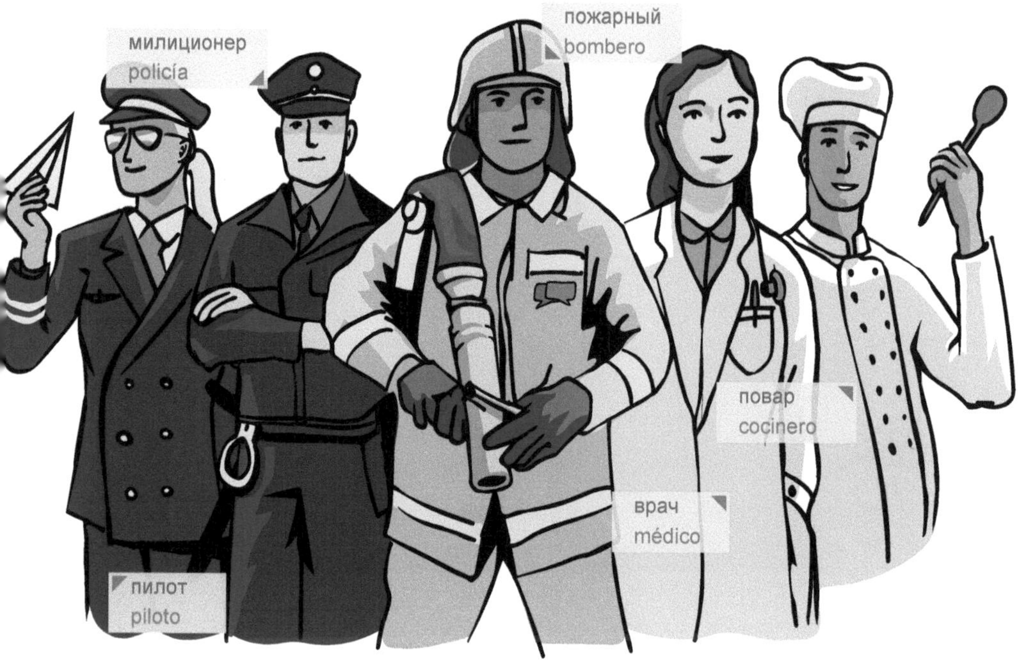
милиционер
policía
пожарный
bombero
повар
cocinero
врач
médico
пилот
piloto

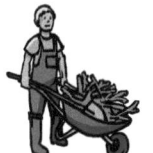

садовник

jardinero

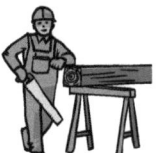

столяр

carpintero

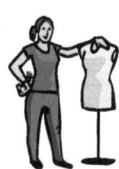

швея

modista

судья

juez

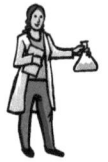

химик

farmacéutico

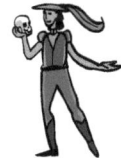

актёр

actor

водитель автобуса

colectivero

таксист

taxista

рыбак

pescador

уборщица

mucama

кровельщик

techista

официант

mozo

охотник

cazador

художник

pintor

пекарь

panadero

электрик

electricista

строитель

albañil

инженер

ingeniero

мясник

carnicero

сантехник

plomero

почтальон

cartero

солдат

soldado

архитектор

arquitecto

кассир

cajero

флорист

florista

парикмахер

peluquero

кондуктор

cobrador

механик

mecánico

капитан

capitán

зубной врач

dentista

ученый

científico

раввин

rabino

имам

imán

монах

monje

священник

sacerdote

инструменты
herramientas

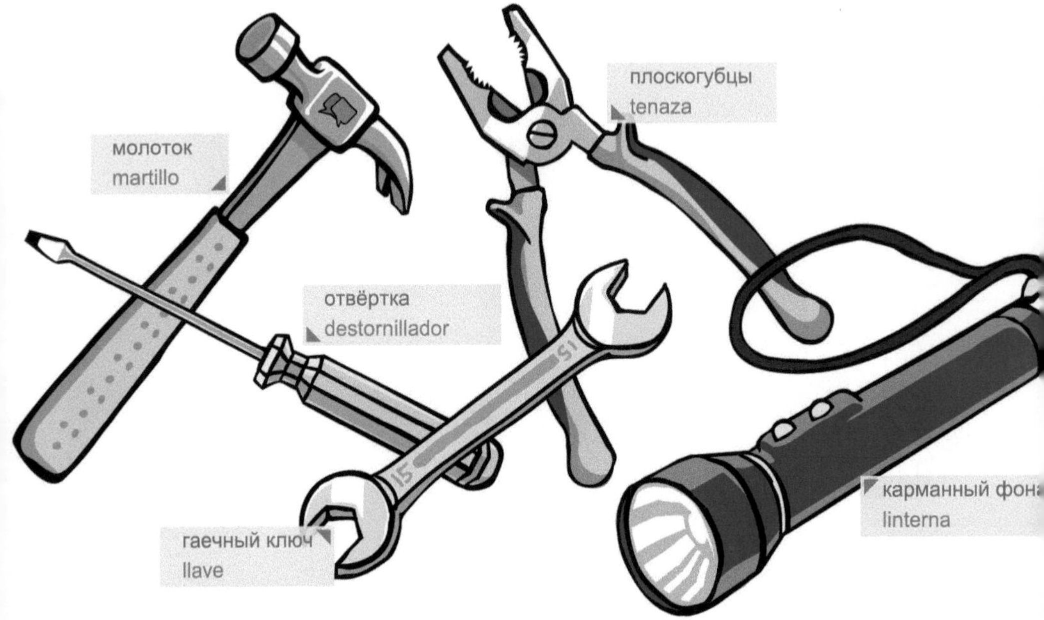

плоскогубцы
tenaza
молоток
martillo
отвёртка
destornillador
карманный фон
linterna
гаечный ключ
llave

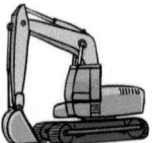

экскаватор

excavadora

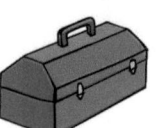

ящик для инструментов

caja de herramientas

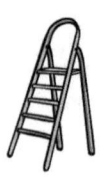

стремянка

escalera portátil

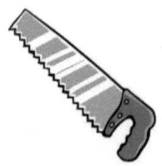

пила

sierra

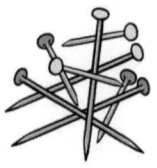

гвозди

clavos

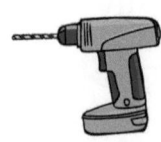

дрель

taladro

ремонтировать

arreglar

лопата

pala de jardín

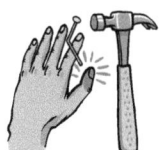

Блин!

¡Qué bronca!

совок

pala de plástico

ведро с краской

tacho de pintura

винты

tornillos

музыкальные инструменты
instrumentos musicales

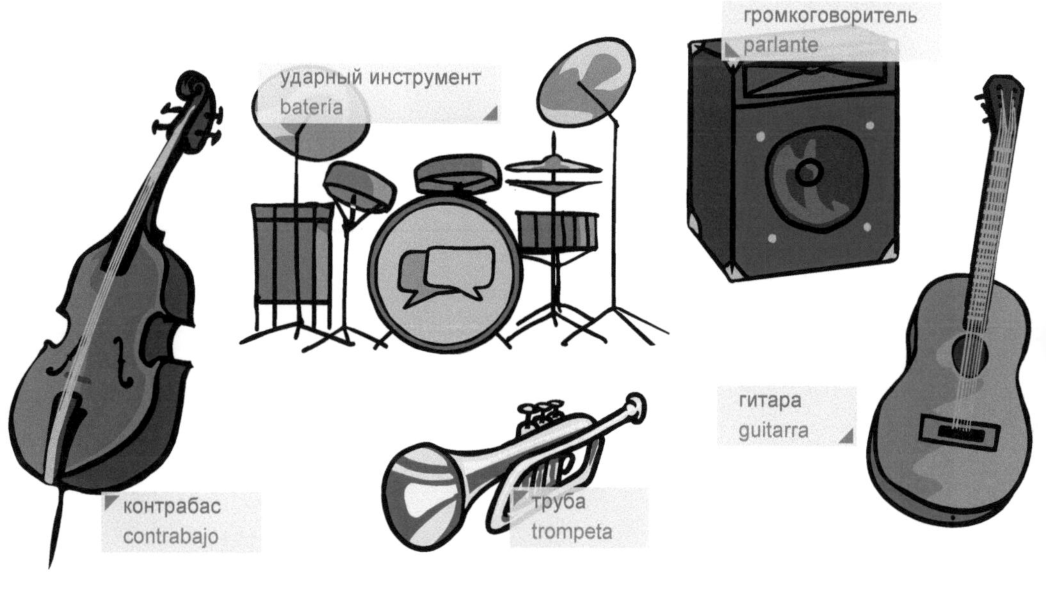

громкоговоритель
parlante

ударный инструмент
batería

гитара
guitarra

контрабас
contrabajo

труба
trompeta

пианино

piano

скрипка

violín

бас-гитара

bajo

литавры

timbales

барабан

tambor

синтезатор

teclado

саксофон

saxofón

флейта

flauta

микрофон

micrófono

зоопарк

zoológico

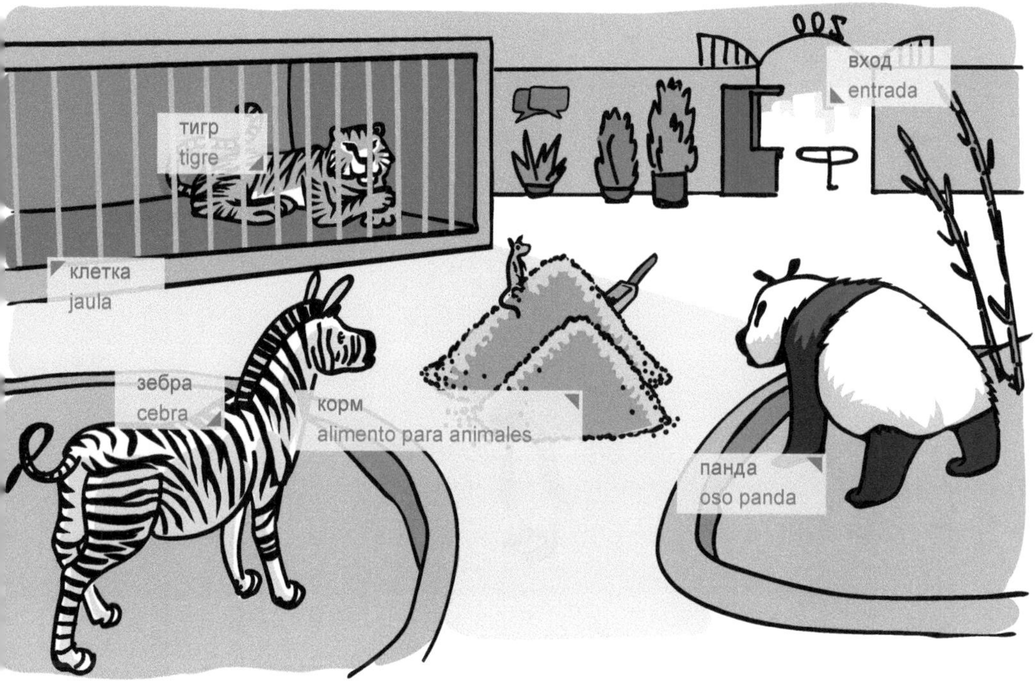

тигр
tigre
вход
entrada
клетка
jaula
зебра
cebra
корм
alimento para animales
панда
oso panda

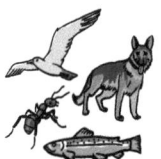

животные

animales

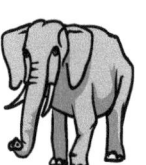

слон

elefante

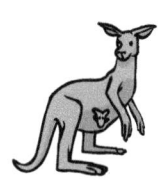

кенгуру

canguro

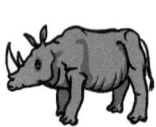

носорог

rinoceronte

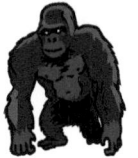

горилла

gorila

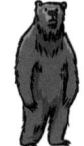

медведь

oso

верблюд

camello

страус

avestruz

лев

león

обезьяна

mono

фламинго

flamenco

попугай

loro

белый медведь

oso polar

пингвин

pingüino

акула

tiburón

павлин

pavo real

змея

serpiente

крокодил

cocodrilo

служитель зоопарка

cuidador del zoológico

тюлень

foca

ягуар

jaguar

пони

poni

леопард

leopardo

бегемот

hipopótamo

жираф

jirafa

орёл

águila

кабан

jabalí

рыба

pescado

черепаха

tortuga

морж

morsa

лиса

zorro

газель

gacela

американский футбол
fútbol americano

езда на велосипеде
ciclismo

теннис
tenis

баскетбол
básquet

плавание
natación

бокс
boxeo

хоккей
hockey sobre hielo

футбол
fútbol

бадминтон
bádminton

лёгкая атлетика
atletismo

гандбол
handball

лыжный спорт
esquí

поло
polo

действия
actividades

прыгать
saltar
обнимать
abrazar
смеяться
reír
идти
caminar
петь
cantar
мечтать
soñar
молиться
rezar
целовать
besar

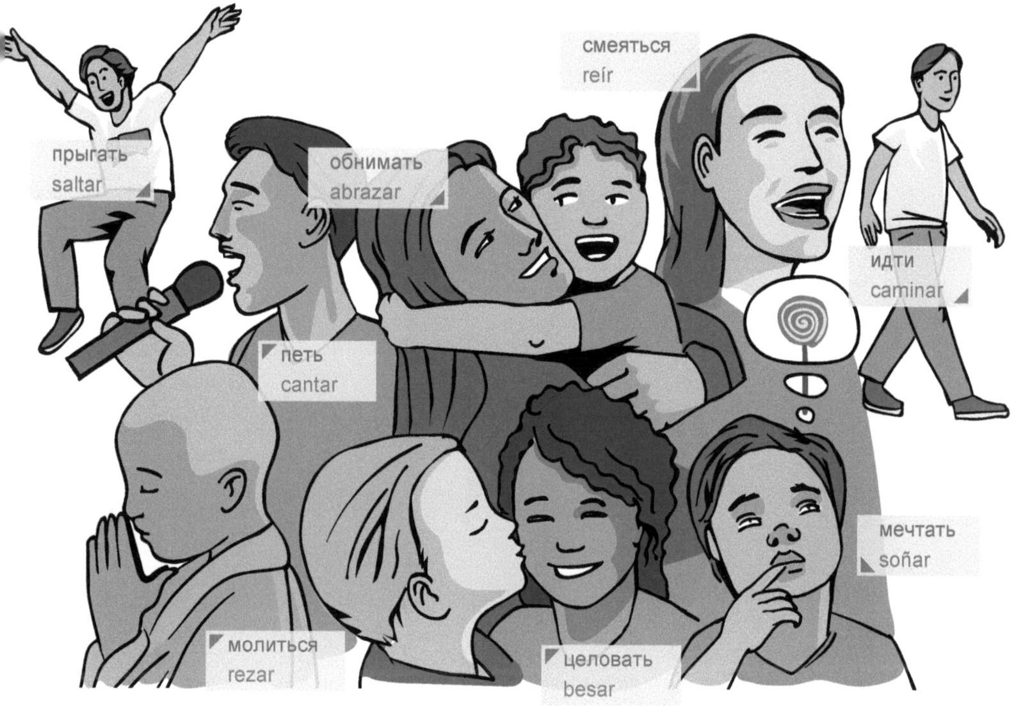

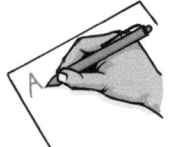

писать

escribir

рисовать

dibujar

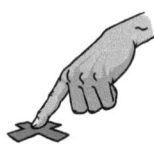

показывать

mostrar

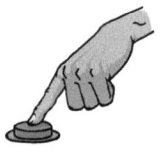

нажимать

presionar

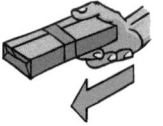

давать

dar

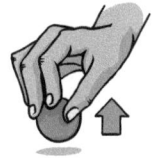

брать

tomar

иметь

tener

делать

hacer

быть

ser

стоять

estar parado

бежать

correr

тянуть

tirar

бросать

tirar

падать

caer

лежать

estar acostado

ждать

esperar

носить

llevar

сидеть

estar sentado

надевать

vestirse

спать

dormir

просыпаться

despertar

рассматривать

mirar

плакать

llorar

гладить

acariciar

причесывать

peinar

говорить

hablar

понимать

entender

спрашивать

preguntar

слушать

escuchar

пить

beber

кушать

comer

наводить порядок

ordenar

любить

amar

готовить

cocinar

ехать

manejar

летать

volar

ходить под парусом

navegar

считать

calcular

читать

leer

учиться

aprender

работать

trabajar

вступать в брак

casarse

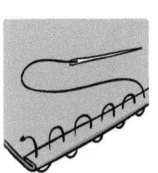

шить

coser

чистить зубы

cepillarse los dientes

убивать

matar

курить

fumar

отправлять

enviar

семья

familia

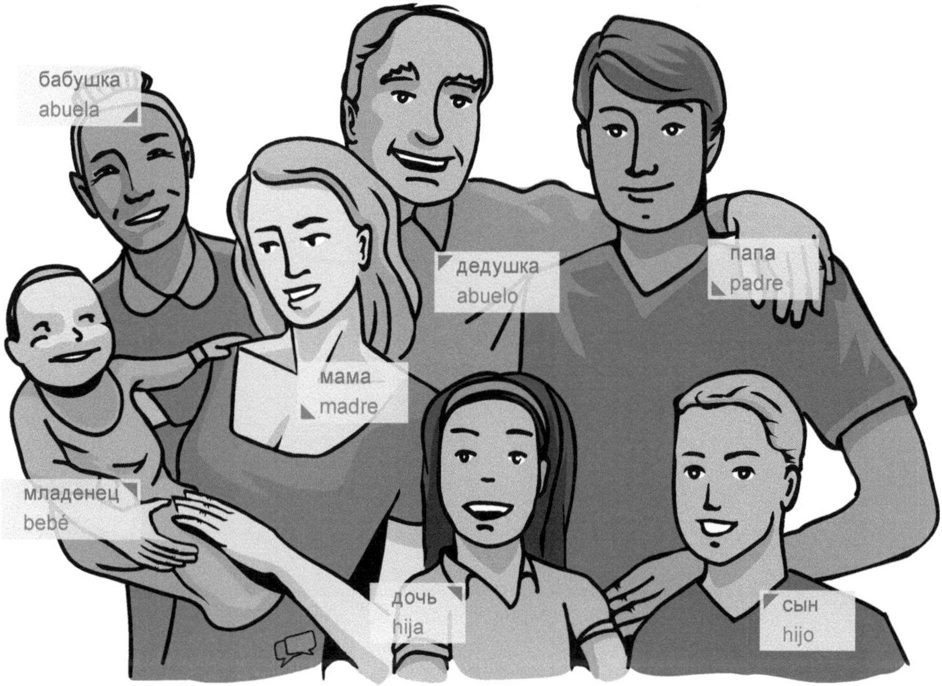
бабушка
abuela
дедушка
abuelo
папа
padre
мама
madre
младенец
bebé
дочь
hija
сын
hijo

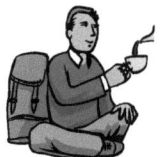

гость

invitado

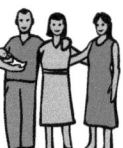

тетя

tía

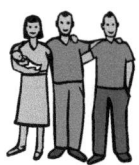

дядя

tío

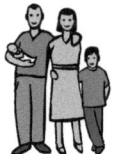

брат

hermano

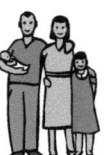

сестра

hermana

тело

cuerpo

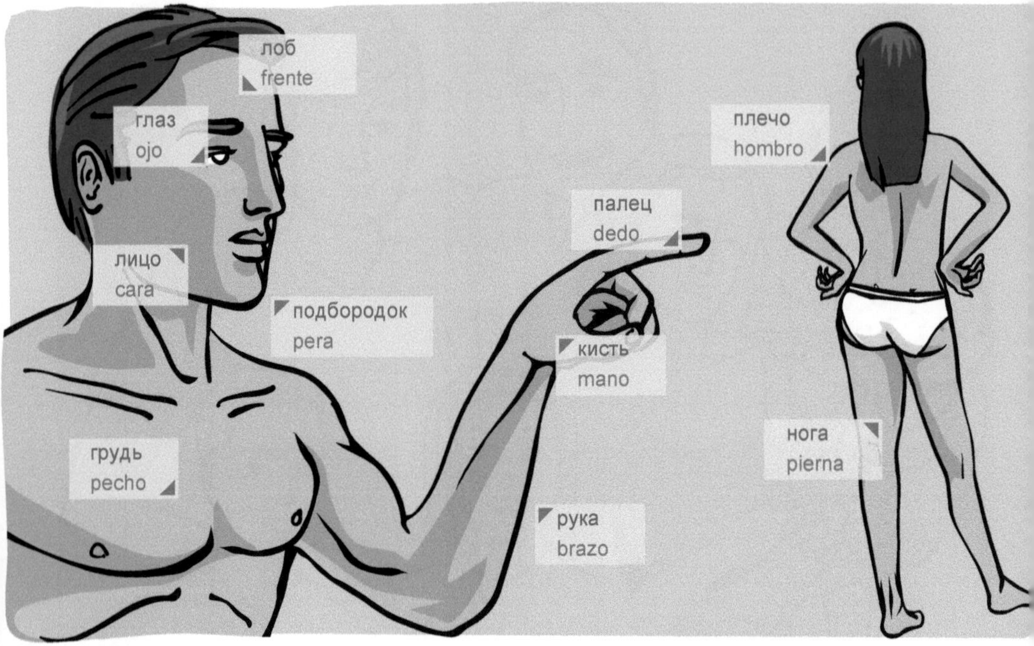

лоб
frente
глаз
ojo
плечо
hombro
палец
dedo
лицо
cara
подбородок
pera
кисть
mano
нога
pierna
грудь
pecho
рука
brazo

младенец

bebé

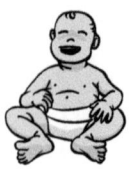

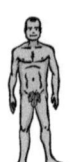

мужчина

hombre

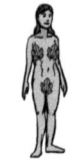

женщина

mujer

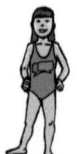

девочка

nena

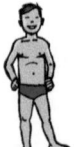

мальчик

nene

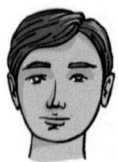

голова

cabeza

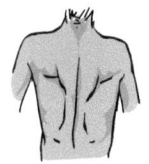

спина

espalda

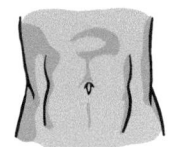

живот

panza

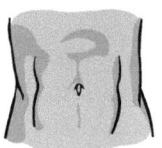

пупок

ombligo

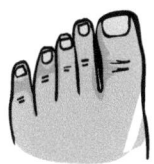

палец ноги

dedo del pie

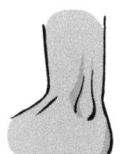

пятка

talón

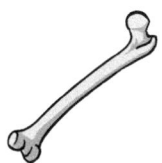

кость

hueso

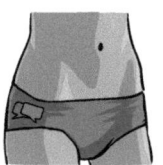

бедро

cadera

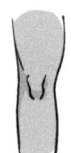

колено

rodilla

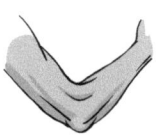

локоть

codo

нос

nariz

ягодицы

cola

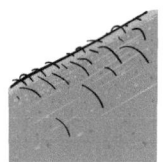

кожа

piel

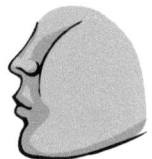

щека

cachete

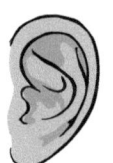

ухо

oreja

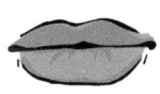

губа

labio

рот

boca

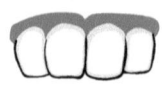

зуб

diente

язык

lengua

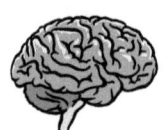

мозг

cerebro

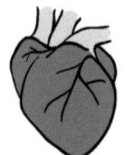

сердце

corazón

мышца

músculo

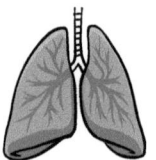

лёгкое

pulmón

печень

hígado

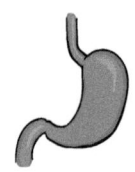

желудок

estómago

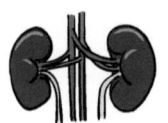

почки

riñones

половой акт

sexo

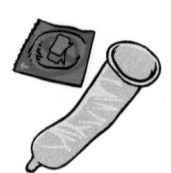

презерватив

preservativo

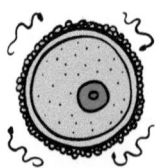

яйцеклетка

óvulo

сперма

semen

беременность

embarazo

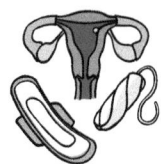

менструация

menstruación

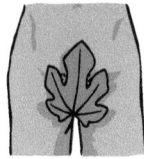

вагина

vagina

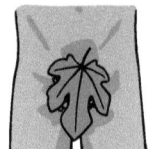

пенис

pene

бровь

ceja

волосы

pelo

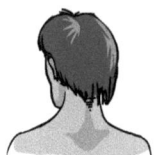

шея

cuello

больница
hospital

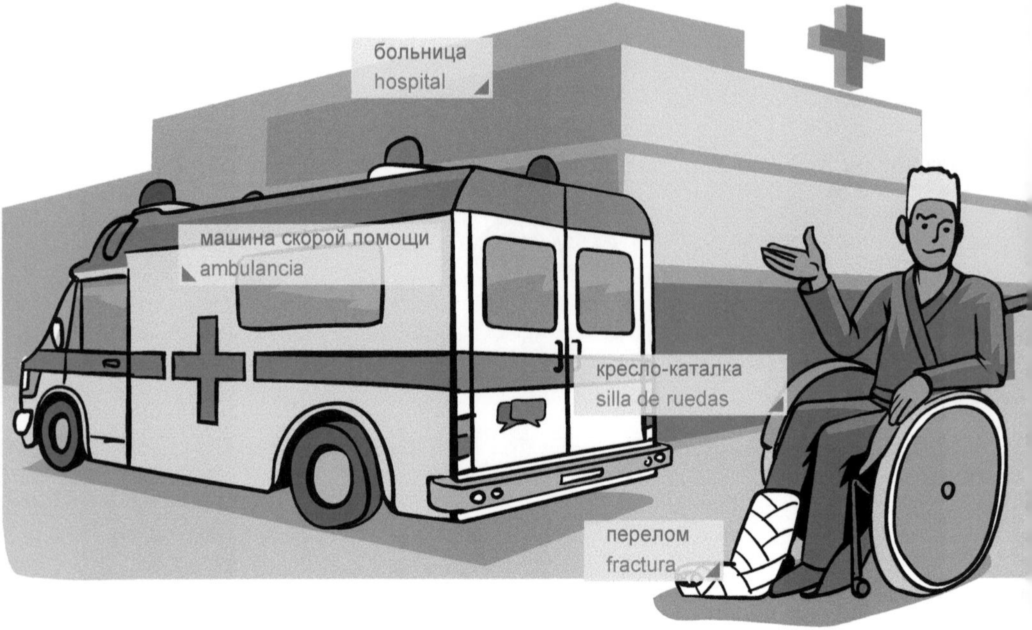

больница
hospital
машина скорой помощи
ambulancia
кресло-каталка
silla de ruedas
перелом
fractura

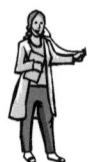

врач
médico

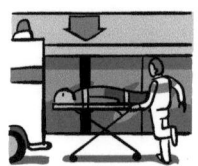

пункт первой помощи
sala de guardia

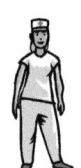

медсестра
enfermera

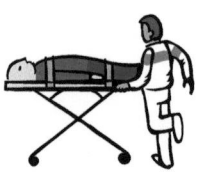

неотложный случай
emergencia

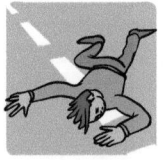

без сознания
inconsciente

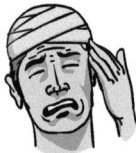

боль
dolor

повреждение

lesión

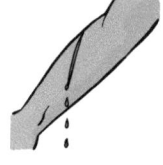

кровотечение

hemorragia

инфаркт

infarto

инсульт

ACV

аллергия

alergia

кашель

tos

повышенная температура

fiebre

грипп

gripe

понос

diarrea

головная боль

dolor de cabeza

рак

cáncer

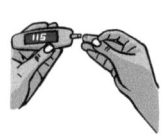

диабет

diabetes

хирург

cirujano

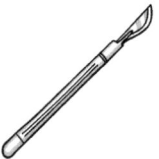

скальпель

bisturí

операция

operación

КТ

TC

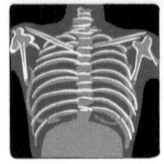

рентген

rayos x

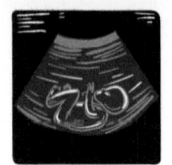

ультразвук

ecografía

маска

barbijo

болезнь

enfermedad

приёмная

sala de espera

костыль

muleta

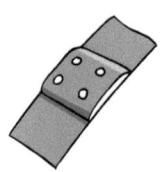

пластырь

curita

бинт

venda

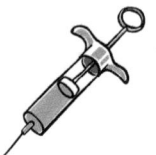

укол

inyección

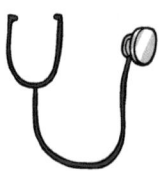

стетоскоп

estetoscopio

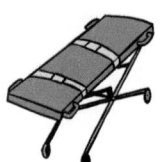

носилки

camilla

термометр

termómetro

рождение

nacimiento

избыточный вес

sobrepeso

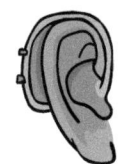

слуховой аппарат

audífono

дезинфекционное средство

desinfectante

инфекция

infección

вирус

virus

ВИЧ / СПИД

VIH / SIDA

лекарство

remedio

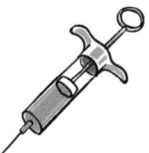

прививка

vacunación

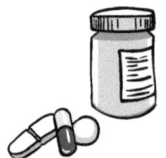

таблетки

comprimidos

противозачаточная таблетка

pastilla anticonceptiva

экстренный вызов

llamada de emergencia

прибор для измерения кровяного давления

tensiómetro

больной / здоровый

enfermo / sano

сигнал тревоги

alarma

нападение

agresión

Помогите!

¡Ayuda!

атака

ataque

опасность

peligro

запасной выход

salida de emergencia

Пожар!

¡Fuego!

огнетушитель

matafuego

несчастный случай

accidente

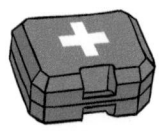

аптечка

botiquín de primeros
auxilios

SOS

SOS

милиция

policía

Европа

Europa

Северная Америка

América del Norte

Южная Америка

América del Sur

Африка

África

Азия

Asia

Австралия

Australia

Атлантический океан

Atlántico

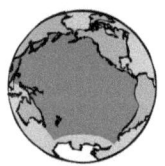

Тихий океан

Pacífico

Индийский океан

Océano Índico

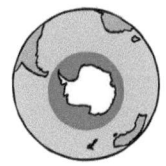

Антарктический океан

Océano Antártico

Северный Ледовитый океан

Océano Ártico

Северный полюс

polo norte

Южный полюс

polo sur

Антарктика

Antártida

земля

Tierra

суша

tierra

море

mar

остров

isla

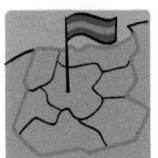

нация

nación

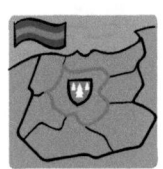

государство

estado

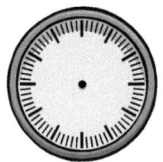

циферблат

esfera

часовая стрелка

manecilla de las horas

минутная стрелка

minutero

секундная стрелка

segundero

Который час?

¿Qué hora es?

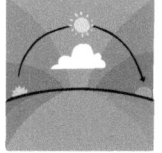

день

día

время

hora

сейчас

ahora

электронные часы

reloj digital

минута

minuto

час

hora

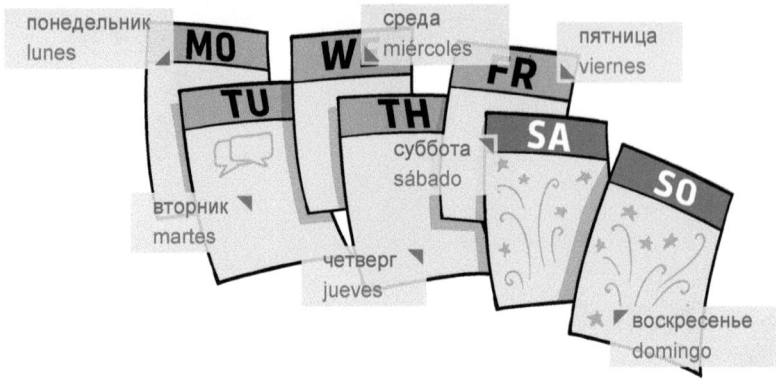

понедельник
lunes

среда
miércoles

пятница
viernes

вторник
martes

четверг
jueves

суббота
sábado

воскресенье
domingo

вчера
ayer

сегодня
hoy

завтра
mañana

утро
mañana

полдень
mediodía

вечер
tarde

рабочие дни
días hábiles

выходные
fin de semana

год
año

радуга
arco iris
дождь
lluvia
снег
nieve
ветер
viento
весна
primavera
осень
otoño
лето
verano
зима
invierno

4.APRIL 11°
5.APRIL 4°
6.APRIL 13°
7.APRIL 8°
8.APRIL 10°

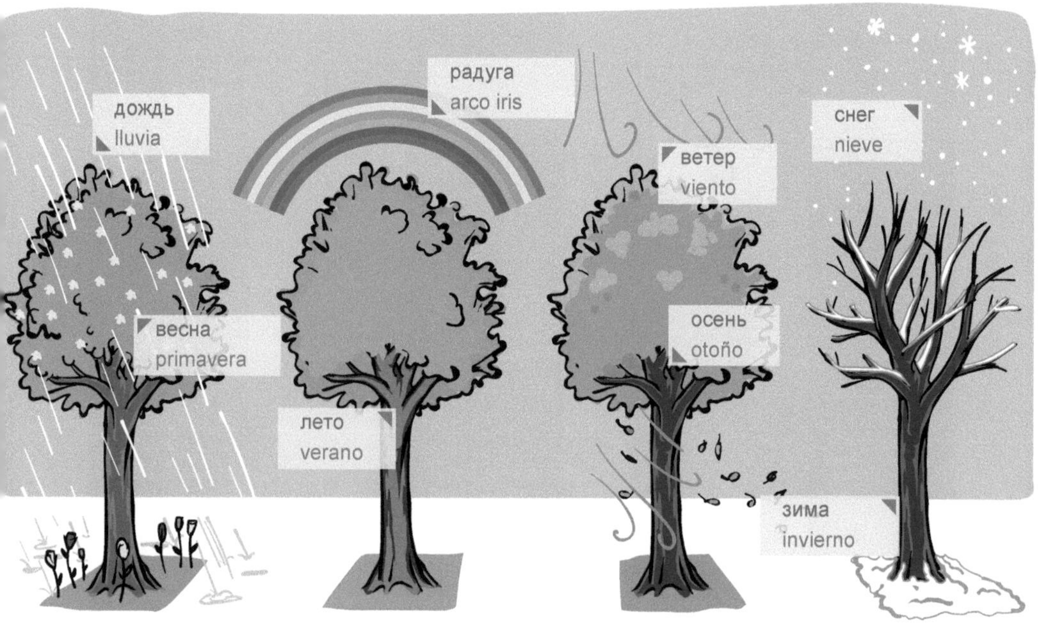

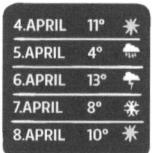

прогноз погоды

pronóstico meteorológico

F C
120 40
90 30
60 20
30 10
0 0
-30 -10
-20

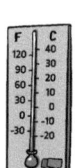

термометр

termómetro

солнечный свет

luz del sol

туча

nube

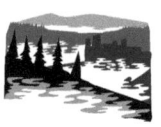

туман

niebla

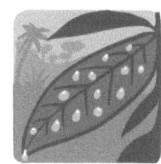

влажность воздуха

humedad

молния
....
rayo

гром
....
trueno

буря
....
tormenta

град
....
granizo

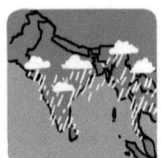

муссон
....
monzón

наводнение
....
inundación

лёд
....
hielo

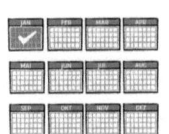

январь
....
enero

февраль
....
febrero

март
....
marzo

апрель
....
abril

май
....
mayo

июнь
....
junio

июль
....
julio

август
....
agosto

год - año

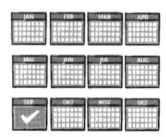

сентябрь

septiembre

октябрь

octubre

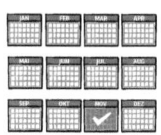

ноябрь

noviembre

декабрь

diciembre

формы

formas

круг

círculo

квадрат

cuadrado

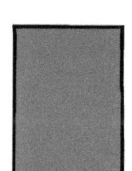

прямоугольник

rectángulo

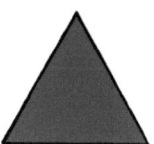

треугольник

triángulo

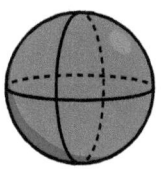

шар

esfera

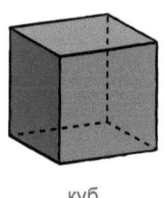

куб

cubo

белый

blanco

желтый

amarillo

оранжевый

naranja

розовый

rosa

красный

rojo

лиловый

violeta

синий

azul

зелёный

verde

коричневый

marrón

серый

gris

черный

negro

много / мало

mucho / poco

яростный / мирный

enojado / tranquilo

красивый / уродливый

lindo / feo

начало / конец

principio / fin

большой / маленький

grande / chico

светлый / темный

claro / oscuro

брат / сестра

hermano / hermana

чистый / грязный

limpio / sucio

полный / неполный

completo / incompleto

день / ночь

día / noche

мёртвый / живой

muerto / vivo

широкий / узкий

ancho / angosto

съедобный / несъедобный

comestible / no comestible

злой / дружелюбный

malo / amable

взволнованный / скучающий

entusiasmado / aburrido

толстый / худой

gordo / flaco

сначала / в конце

primero / último

друг / враг

amigo / enemigo

полный / пустой

lleno / vacío

твёрдый / мягкий

duro / blando

тяжёлый / легкий

pesado / liviano

голод / жажда

hambre / sed

больной / здоровый

enfermo / sano

незаконный / законный

ilegal / legal

умный / глупый

inteligente / estúpido

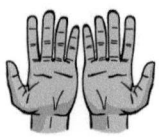

слева / справа

izquierda / derecha

близко / далеко

cerca / lejos

новый / подержанный

nuevo / usado

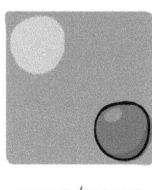

ничто / нечто

nada / algo

старый / молодой

viejo / joven

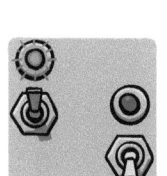

включено / выключено

encendido / apagado

открыто / закрыто

abierto / cerrado

тихо / громко

silencioso / ruidoso

богатый / бедный

rico / pobre

правильный /
неправильный
correcto / incorrecto

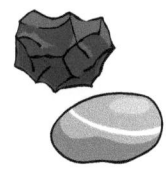

шероховатый / гладкий

áspero / suave

печальный / счастливый

triste / contento

короткий / длинный

corto / largo

медленный / быстрый

lento / rápido

мокрый / сухой

mojado / seco

тёплый / прохладный

caliente / frío

война / мир

guerra / paz

0

ноль

cero

1

один

uno

2

два

dos

3

три

tres

4

четыре

cuatro

5

пять

cinco

6

шесть

seis

7

семь

siete

8

восемь

ocho

9

девять

nueve

10

десять

diez

11

одиннадцать

once

12

двенадцать

doce

13

тринадцать

trece

14

четырнадцать

catorce

15

пятнадцать

quince

16

шестнадцать

dieciséis

17

семнадцать

diecisiete

18

восемнадцать

dieciocho

19

девятнадцать

diecinueve

20

двадцать

veinte

100

сто

cien

1.000

тысяча

mil

1.000.000

миллион

millón

английский

inglés

американский английский

inglés americano

мандаринский китайский

chino mandarín

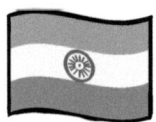

хинди

hindi

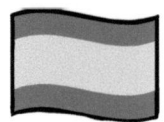

испанский

español

французский

francés

арабский

árabe

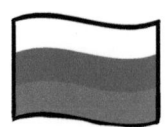

русский

ruso

португальский

portugués

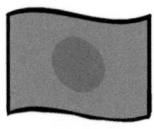

бенгальский

bengalí

немецкий

alemán

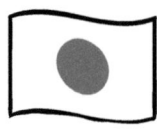

японский

japonés

я

yo

ты

vos

он / она / оно

él / ella

мы

nosotros

вы

ustedes

они

ellos

кто?

¿quién?

что?

¿qué?

как?

¿cómo?

где?

¿dónde?

когда?

¿cuándo?

имя

nombre

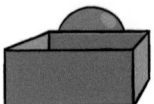

за
....
detrás

в
....
en

перед
....
adelante de

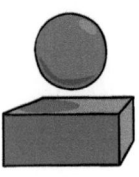

над
....
por encima de

на
....
sobre

под
....
debajo de

рядом
....
al lado de

между
....
entre

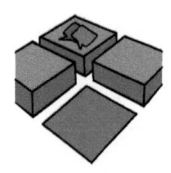

место
....
lugar